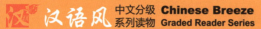 

Xiàng Zuǒ Xiàng Yòu
向左向右

（第二版）
Second Edition

Left and Right: The Conjoined Brothers

主 编 刘月华（Yuehua Liu） 储诚志（Chengzhi Chu）
原 创 牛 童（Tong Niu）

图书在版编目(CIP)数据

向左向右/刘月华,储诚志主编. —2版. —北京:北京大学出版社,2018.2
(汉语风中文分级系列读物)
ISBN 978-7-301-29162-7

Ⅰ.①向… Ⅱ.①刘…②储… Ⅲ.①汉语—对外汉语教学—语言读物 Ⅳ.①H195.5

中国版本图书馆CIP数据核字(2018)第013097号

书　　名	向左向右(第二版)
著作责任者	刘月华　储诚志　主编 牛　童　原创
责任编辑	李凌
标准书号	ISBN 978-7-301-29162-7
出版发行	北京大学出版社
地　　址	北京市海淀区成府路205号　100871
网　　址	http://www.pup.cn　　新浪微博:@北京大学出版社
电子信箱	zpup@pup.cn
电　　话	邮购部 62752015　发行部 62750672　编辑部 62753027
印刷者	三河市博文印刷有限公司
经销者	新华书店
	850毫米×1168毫米　32开本　2.5印张　39千字 2008年5月第1版 2018年2月第2版　2023年6月第2次印刷
定　　价	20.00元

未经许可,不得以任何方式复制或抄袭本书之部分或全部内容。
版权所有,侵权必究
举报电话:010-62752024　电子信箱:fd@pup.pku.edu.cn
图书如有印装质量问题,请与出版部联系,电话:010-62756370

刘月华

毕业于北京大学中文系。原为北京语言学院教授,1989年赴美,先后在卫斯理学院、麻省理工学院、哈佛大学教授中文。主要从事现代汉语语法,特别是对外汉语教学语法研究。近年编写了多部对外汉语教材。主要著作有《实用现代汉语语法》(合作)、《趋向补语通释》《汉语语法论集》等,对外汉语教材有《中文听说读写》(主编)、《走进中国百姓生活——中高级汉语视听说教程》(合作)等。

储诚志

夏威夷大学博士,美国中文教师学会前任会长,加州大学戴维斯分校中文部主任,语言学系博士生导师。兼任多所大学的客座教授或特聘教授,多家学术期刊编委。曾在北京语言大学和斯坦福大学任教多年。

牛 童

牛童,生于20世纪80年代,文化程度为大学本科。在文学方面,初一下半年,灵感突发,完成了生平第一部短篇小说《魔鬼老师》,当时连学校的老师都争相传看。大学三年级时,成为京城某著名英语培训机构的明星级教师。现在主要从事英语培训工作。本书是作者出版的处女作。

Yuehua Liu

A graduate of the Chinese Department of Peking University, Yuehua Liu was Professor in Chinese at the Beijing Language and Culture University. In 1989, she continued her professional career in the United States and had taught Chinese at Wellesley College, MIT, and Harvard University for many years. Her research concentrated on modern Chinese grammar, especially grammar for teaching Chinese as a foreign language. Her major publications include *Practical Modern Chinese Grammar* (co-author), *Comprehensive Studies of Chinese Directional Complements*, and *Writings on Chinese Grammar* as well as the Chinese textbook series *Integrated Chinese* (chief editor) and the audio-video textbook set *Learning Advanced Colloquial Chinese from TV* (co-author).

Chengzhi Chu

Chu is associate professor and coordinator of the Chinese Language Program at the University of California, Davis, where he also serves on the Graduate Faculty of Linguistics. He is the former president of the Chinese Language Teachers Association, USA, and guest professor or honorable professor of several other universities. Chu received his Ph.D. from the University of Hawaii. He had taught at the Beijing Language and Culture University and Stanford University for many years before joining UC Davis.

Tong Niu

Tong Niu is a Gen Y young man. Ever since his junior year in college, he has been an instructor at an English training center in Beijing, China. His creative writing practice started when he was a 7th grader. That year he completed his first story, *The Devil Teacher*, which won him popularity among his schoolmates and teachers. *Left and Right* is his first formally published literary work.

前　　言

　　学一种语言,只凭一套教科书,只靠课堂的时间,是远远不够的。因为记忆会不断地经受时间的冲刷,学过的会不断地遗忘。学外语的人,不是经常会因为记不住生词而苦恼吗？一个词学过了,很快就忘了,下次遇到了,只好查词典,这时你才知道已经学过。可是不久,你又遇到这个词,好像又是初次见面,你只好再查词典。查过之后,你会怨自己:脑子怎么这么差,这个词怎么老也记不住！其实,并不是你的脑子差,而是学过的东西时间久了,在你的脑子中变成了沉睡的记忆,要想不忘,就需要经常唤醒它,激活它。"汉语风"分级读物,就是为此而编写的。

　　为了"激活记忆",学外语的人都有自己的一套办法。比如有的人做生词卡,有的人做生词本,经常翻看复习。还有肯下苦功夫的人,干脆背词典,从A部第一个词背到Z部最后一个词。这种做法也许精神可嘉,但是不仅过程痛苦,效果也不一定理想。"汉语风"分级读物,是专业作家专门为"汉语风"写作的,每一本读物不仅涵盖相应等级的全部词汇、语法现象,而且故事有趣,情节吸引人。它使你在享受阅读愉悦的同时,轻松地达到了温故知新的目的。如果你在学习汉语的过程中,经常以"汉语风"为伴,相信你不仅不会为忘记学过的词汇、语法而烦恼,还会逐渐培养出汉语语感,使汉语在你的头脑中牢牢生根。

　　"汉语风"的部分读物出版前曾在华盛顿大学(西雅图)、范德堡大学和加州大学戴维斯分校的六十多位学生中试用。感谢这三所大学的毕念平老师、刘宪民老师和魏苹老师的热心组织和学生们的积极参与。夏威夷大学的姚道中教授、加州大学戴维斯分校的李宇以及博士生Ann Kelleher和Nicole Richardson对部分读物的初稿提供了一些很好的编辑意见,在此一并表示感谢。

Foreword

When it comes to learning a foreign language, relying on a set of textbooks or spending time in the classroom is not nearly enough. Memory is eroded by time; you keep forgetting what you have learned. Haven't we all been frustrated by our inability to remember new vocabulary? You learn a word and quickly forget it, so next time when you come across it you have to look it up in a dictionary. Only then do you realize that you used to know it, and you start to blame yourself, "why am I so forgetful?" when in fact, it's not your shaky memory that's at fault, but the fact that unless you review constantly, what you've learned quickly becomes dormant. The *Chinese Breeze* graded series is designed specially to help you remember what you've learned.

Everyone learning a second language has his or her way of jogging his or her memory. For example, some people make index cards or vocabulary notebooks so as to thumb through them frequently. Some simply try to go through dictionaries and try to memorize all the vocabulary items from A to Z. This spirit is laudable, but it is a painful process, and the results are far from sure. *Chinese Breeze* is a series of graded readers purposely written by professional authors. Each reader not only incorporates all the vocabulary and grammar specific to the grade but also contains an interesting and absorbing plot. They enable you to refresh and reinforce your knowledge and at the same time have a pleasurable time with the story. If you make *Chinese Breeze* a constant companion in your studies of Chinese, you won't have to worry about forgetting your vocabulary and grammar. You will also develop your feel for the language and root it firmly in your mind.

Thanks are due to Nyan-ping Bi, Xianmin Liu, and Ping Wei for arranging more than sixty students to field-test several of the readers in the *Chinese Breeze* series. Professor Tao-chung Yao at the University of Hawaii. Ms. Yu Li and Ph.D. students Ann Kelleher and Nicole Richardson of UC Davis provided very good editorial suggestions. We thank our colleagues, students, and friends for their support and assistance.

主要人物和地方名称
Main Characters and Main Places

向左 Xiàng Zuǒ
Conjoined brother of Xiàng Yòu (yòu means "right")
向右 Xiàng Yòu
Conjoined brother of Xiàng Zuǒ (zuǒ means "left")

向中明 Xiàng Zhōngmíng
Xiàng Zuǒ and Xiàng Yòu's father

李方 Lǐ Fāng
Xiàng Zuǒ and Xiàng Yòu's mother

王学文 Wáng Xuéwén
A Chinese-American who works as an agent for a performing arts company in US

玛丽 Mǎlì
Mary, conjoined sister of Chelsea
切尔西 Qiè'ěrxī
Chelsea, conjoined sister of Mary

北京 Běijīng: A city you know!
北方大学 Běifāng Dàxué: North University (a fictitious school)
中国 Zhōngguó: China
美国 Měiguó: America

文中所有专有名词下面有下画线,比如:<u>向左</u>
(All the proper nouns in the text are underlined, such as in <u>向左</u>)

目　录
Contents

1. 生了两个孩子
   A family having two children ... 1

2. 不用呼吸的向右
   Xiang You doesn't need to breathe ... 8

3. 住医院
   In hospital ... 16

4. 进大学
   At the university ... 25

5. 见到王学文
   Meet Wang Xuewen ... 33

6. 去美国
   Go to America ... 36

7. 上电视
   On TV ... 42

生词表
Vocabulary list
.... 51

练习
Exercises
.... 54

练习答案
Answer keys to the exercises
.... 59

1. 生¹了两个孩子

向左和向右是两个男孩子的名字。他们吃饭在一起，睡觉也在一起，向左去哪儿，向右就去哪儿，两个人好得像一个人。但是，这两个孩子不是哥哥和弟弟，因为他们一样大，可以说，他们就像一个人一样。向左和向右的爸爸叫向中明，他到现在也不知道做这样两个孩子的爸爸是好事还是坏事。

那年在医院²里，向中明第一次听医生³说，他太太要生¹两个孩子，不是一个，他马上就要做两个孩子的爸爸了，非常高兴！他回到家里，又唱又笑⁴，像拿到了很好的礼物一样，高兴得都快忘了自己⁵姓什么了！

---

1. 生 shēng: give birth to, be born
2. 医院 yīyuàn: hospital
3. 医生 yīshēng: doctor
4. 笑 xiào: smile, laugh
5. 自己 zìjǐ: oneself

从几年以前开始,中国的爸爸妈妈就只⁶能生¹一个孩子,中国人太多了,如果⁷大家都生¹、生¹、生¹、生¹很多孩子,就会有人没地方住,没东西吃,这是一个大问题。向中明想,现在别人都只⁶有一个孩子,可是他有两个孩子,这太让他高兴了!他很快地给他的爸爸、妈妈、同学和朋友打电话,告诉了他们这件让人高兴的事。

但是,那天在医院²里跟两个孩子第一次"见面"以后⁸,向中明马上就

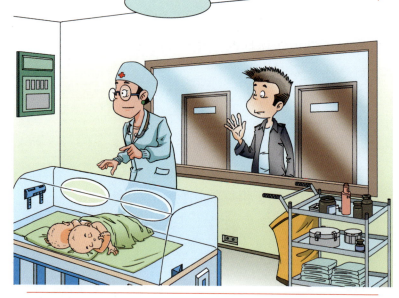

6. 只 zhǐ: only, just, merely
7. 如果 rúguǒ: if, in case
8. 以后 yǐhòu: after, afterwards, later

不笑⁴了。

那天是4月1号，星期一。上午，在北京的一家医院²里，向中明和他漂亮的太太坐在一起。他的太太叫李方，她已经两天没睡觉了。两个小时以前，李方刚生了两个孩子，也就是说，向中明真的做了爸爸了。

看着两个刚生¹的孩子，向中明和李方都不说话。可是有一个人好像⁹很忙，那就是刚才帮李方生¹孩子的医生³。她在给她的医生³朋友们打电话："喂，我看到¹⁰书上写的连体¹¹人了！"医生³说的连体¹¹人，就是李方刚生¹的这两个孩子。向中明和李方是孩子的爸爸妈妈，看着自己⁵的两个孩子身体连¹²在一起，他们觉得心¹³里很不舒服。

来医院²以前，向中明想：李方很漂亮，他自己⁵也长得很高，他们的孩子一定不错。他还想，在李方生下¹⁴

9. 好像 hǎoxiàng: as if, look like, seem
10. 看到 kàndào: see, catch sight of
11. 连体 liántǐ: conjoined body
12. 连 lián: join, link, connect
13. 心 xīn: heart; mind, feeling
14. 生下 shēngxia: give birth to; be delivered of

孩子以后[8]，他要马上对她说："谢谢你，李方！你生[1]了两个漂亮的孩子，他们都像你一样好看！以后[8]也会长得跟我一样高。"

现在，孩子生下[14]来了，也真的长得很不错，可是，可是他们……

向中明不知道应该说什么。

那个医生[3]又开始打电话了。这时候，向中明走过去对她说："医生[3]，您看……"向中明对医生[3]很客气，他想问问这两个连体[11]孩子的事。

"我知道您想问什么，先生。"医生[3]放下[15]电话，"他们是腰部[16]连[12]在

15. 放下 fàngxia: lay down, put down
16. 腰部 yāobù: waist, loin

一起，手术[17]不会太难。但是要早一点儿做，孩子很小的时候就做。"

"做这个手术[17]要多少钱？"向中明问。

医生[3]想了想，说："很贵，要20万[18]。"

听了医生[3]的话，向中明看了看李方，李方也看了看向中明。20万[18]！太贵了！那时候，他们工作一个月一共只[6]有200块钱，他们家没有大房子，也没有汽车，如果[7]想做手术[17]，不吃不喝也要工作几十年！借钱吗？也不行，去哪里能借那么[19]多钱啊！

可是，李方想：孩子不做手术[17]行吗？他们长大以后[8]会怎么样？他们能上学[20]吗？可以工作吗？他们会不会没有朋友？……想到[21]这些，李方哭[22]了。她看着向中明，对他说："对不起……"

"对不起"这三个字，李方是对向中明说的，她也想对两个孩子说。

17. 手术 shǒushù: surgical operation
18. 万 wàn: ten thousand
19. 那么 nàme: so, so very much
20. 上学 shàng xué: go to school, attend school
21. 想到 xiǎngdào: bethink of, call to mind
22. 哭 kū: cry, weep

她想到[21]了在一本书上看到[10]的：从我有了孩子以后[8]，我就常常会想，如果[7]他很快乐，那我也会觉得高兴；如果[7]他不快乐，那我也会不快乐。因为孩子是我带来的，不是他想来的。如果[7]我不带他来，他就没有这么多不快乐了……

听太太说了"对不起"，向中明马上对她说："别，别这么说……"向中明知道，这种事，没有人应该说"对不起"。没有妈妈想生[1]连体[11]孩子，这不是太太的错。

听向中明这么说，李方觉得舒服了一些。

医生³来问两个孩子叫什么名字。李方和向中明已经想好²³了，一个叫向左，一个叫向右。李方问向中明："你说谁叫向左，谁叫向右啊？"

"我们不是说好²⁴了吗？哥哥叫向左，弟弟叫向右。"

"那谁是哥哥谁是弟弟？"

"这……这我也不知道……"

> Want to check your understanding of this part?
> Go to the questions on page 54.

---

23. 想好 xiǎnghǎo: think through, figure out
24. 说好 shuōhǎo: talk and agree with someone about something

2. 不用呼吸[25]的向右

    向左和向右5岁的时候,身体还是连[12]在一起的。他们已经可以做手术[17]了,但是还没做,就是因为两个字——没钱。从向左和向右小时候到现在,已经有很多报纸[26]写过这两个孩子的事,北京有很多人知道他们,所以,就有一些人开始帮这两个孩子。有的送给他们玩儿的东西和用的东西,有的给他们家里寄钱。北京北方大学的校长[27]说:等向左和向右到了18岁,就可以进他们大学学习,不用参加考试,也不用给钱。

    向左和向右喜欢的东西不一样。向左喜欢听音乐和唱歌[28],向右喜欢看书,5岁的时候就已经认识三百多个字了,这让向中明和李方很高兴,他们常常给向右买新书。向右想看的

---

25. 呼吸 hūxī: breathe
26. 报纸 bàozhǐ: newspaper
27. 校长 xiàozhǎng: (school) principal, president, chancellor
28. 唱歌 chàng gē: sing (a song)

书有的便宜，有的很贵，可是只要[29]是向右想买的书，李方都会给他买。向右6岁生日的时候，李方送给他的生日礼物也是一本新书，这本新书的名字叫《十万[18]个为什么》。向右很喜欢这个生日礼物，有的地方他看不懂，就来问爸爸妈妈。

有一天，有朋友要来李方家吃饭，李方下午就开始在家里准备饭菜。在李方忙着做饭的时候，向右问她："妈妈，妈妈，《十万[18]个为什

29. 只要 zhǐyào: if only, as long as

么》上说：每[30]个人都一定要呼吸[25]。这是真的吗？"

李方心[13]想：这还用问吗？可是她还是告诉向右："是真的啊。"

5　　"每[30]个人都是这样吗？"向左也跟着问。

"好孩子，等一会儿，妈妈在这儿做饭呢。有问题去问爸爸，好吗？"

"爸爸在打电话。"向左和向右一10　起说。

李方要做饭，不能走，就说："这样吧，去接一点儿热水，别太热。你们一个人把头[31]放[32]进水里，就不能呼吸[25]了，看看能放[32]多长时间。"

15　　"好！"向左和向右觉得很有意思，马上去接水。

李方又说："一定要接热水啊！今天天气很冷！"

"知道了！"

20　　接完水，向右先把头[31]放[32]了进去。1分钟[33]，2分钟[33]……10分钟[33]。向左看向右把头[31]放[32]进水里，这么长

30. 每 měi: every, each
31. 头 tóu: head
32. 放 fàng: put, place
33. 分钟 fēnzhōng: minute

时间没起来，觉得很有意思。他叫李方："妈妈，人能多长时间不呼吸[25]啊？"

"最多3分钟[33]吧。"

"可是向右在水里已经10分钟[33]了！"向左高兴地大叫。

"啊?! 快起来！"李方大叫着跑了过来。

向右觉得有人打了一下他的头[31]，他马上起来了，很不高兴地问向左："你刚才为什么打我的头[31]?"

"不是我，是妈妈打的。是吧，妈妈？"向左看着李方。

"向右！你怎么样？有没有问题？觉得身体不舒服吗?!"李方像是没听见向左在说什么，只是[34]很快地问向右。

"我很好啊。"向右说。

向中明打电话的时候，听见李方大叫。他觉得一定是出了什么大事[35]，李方生[1]出连体[11]孩子的时候都没这么大叫过。

"怎么了？怎么了？"向中明问。

---

34. 只是 zhǐshì: just, simply
35. 出事 chū shì: have an accident

"爸爸,向右把头[31]放[32]进水里,10分钟[33]没有呼吸[25],妈妈不高兴了。"向左马上告诉爸爸。

向中明看了看李方——他没听懂向左的话。

李方说:"我刚才在做菜,没看见。我听向左说,向右10分钟[33]没呼吸[25],他把头[31]放[32]进水里。"

"多少分钟[33]?!"向中明大叫,"大人也不能10分钟[33]不呼吸[25]啊!"

"真的,爸爸!"向左说,"我刚才给他看时间了,是10分钟[33]。"

向中明想了想,对向右说:"向

右,你能像刚才一样把头³¹再放³²进水里吗?"

"没问题,爸爸你看!"向右说。

李方马上说:"等一下!向右,你如果⁷觉得不舒服,马上从水里出来!"

李方的话还没有说完,向右的头³¹已经有一半在水里了,他没听见妈妈说什么。

又是10分钟³³!向右没觉得有什么问题!

看着向右高兴的样子³⁶,向中明想:这是为什么?他以前游泳的时候,头³¹在水里,最多只⁶能2分钟³³不呼吸²⁵。向右为什么可以10分钟³³不呼吸²⁵?这时候,他想到²¹了向左和向右连¹²着的身体。

"我知道了!"向中明说,"你们两个身体连¹²在一起,所以身体里的血³⁷也是连¹²着的。也就是说,你们两个孩子有一个在呼吸²⁵就行了!"

两个孩子听了,只是³⁴看着爸爸,不太懂他说什么。李方很快地想了一下,觉得向中明说得不错。

---

36. 样子 yàngzi: appearance, shape; manner, air
37. 血 xiě: blood

"来，孩子们！你们两个人都来，一起把头³¹放³²进水里，觉得不舒服就马上起来。"李方对向左和向右说。

跟李方想的一样，这次两个孩子不到1分钟³³就都起来了。

李方又去做饭了。向中明和两个孩子坐在一起，告诉他们为什么他们和别人不一样，为什么他们身体里的血³⁷是连¹²着的，为什么只要²⁹有一个人呼吸²⁵就行了。向右看过很多书，向中明一说他就懂了；可是向左还是听不懂——他也不太想听，他觉得把

头[31]放[32]进水里很有意思,他不想知道那么[19]多"为什么"。

　　向中明说完后又去打电话了。向左和向右又去玩儿水了,他们每[30]人一次把头[31]放[32]进水里,玩儿到了晚上六点半吃饭的时候。吃完饭,他们又玩儿,李方见孩子们这么快乐,也觉得很高兴,可是她忘了给他们换热水。第二天,两个孩子都感冒了。

Want to check your understanding of this part?
Go to the questions on page 55.

3. 住医院 [2]

　　向左和向右已经13岁了，他们还是没有那么[19]多钱做手术[17]，他们的身体还是连[12]在一起。他们每[30]天一起吃饭，一起玩儿，一起学习，一起睡觉。向左有问题的时候，向右帮助[38]他，向右有事的时候，向左也帮助[38]向右。从小[39]到现在，向左和向右两个人都很好。但是，两个最好的朋友，有的时候也会有一点儿小问题，这两个连[12]在一起的孩子也一样。

　　这几天，李方因为工作，去别的地方了，晚上不能回来。向中明也很忙，那天，回到家里已经是晚上11点了。他一走进家里，就听见孩子在厕所[40]里哭[22]。他跑进去，看见向左和向右坐在厕所[40]里的地上[41]。向右的头[31]上和衣服上有很多血[37]。

38. 帮助 bāngzhù: help, assist
39. 从小 cóng xiǎo: from childhood
40. 厕所 cèsuǒ: restroom, lavatory, toilet
41. 地上 dìshang: on the floor or ground

"你怎么了?出什么事³⁵了?!"向中明大叫着问。

没等两个孩子说话,向中明就跑出厕所⁴⁰,拿起电话,打了"120",让医院²的人马上来帮助³⁸他们。

只⁶用了很短的时间,他们就到了医院²。向中明找到⁴²了他的朋友王医生³。王医生³知道向中明和这两个孩子的事,所以没有像别的医生³那样问他们很多问题。他一个字也没说,马上给向右看病。

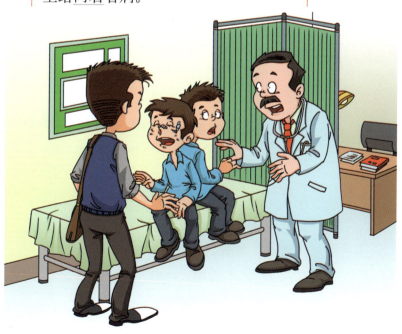

42. 找到 zhǎodào: find

看病的这几分钟[33]，向中明觉得像是几个小时一样。向中明工作了一天，刚才又送两个孩子来医院[2]，已经很累了，但他还是走来走去[43]，想着向右的问题会有多大。

"王医生[3]，您看，这孩子没事吧？"向中明问。

"没有大事。但是他要在医院[2]里住几天，吃一些药，现在不能回家。"

吃了王医生[3]给的药以后[8]，向右就睡觉了。这时候，向中明想起来[44]问向左："向右怎么了？为什么会这样？"

向左说："爸爸，对不起，是我打了向右。"

"什么？你打了他？！"向中明真没想到[21]会是这样。

"是的，爸爸，我错了。晚上睡觉以前，我喝了很多水，所以睡觉以后[8]，很快就要起来上厕所[40]，上完了厕所[40]就回去睡觉，可是睡了一会儿我又要上厕所[40]，我喝水喝得太多了。我上了两次厕所[40]以后[8]，回去只[6]

---

43. 走来走去 zǒulái zǒuqù: pace, walk up and down
44. 想起来 xiǎng qilai: call to mind, bethink of

3. 住医院

睡了几分钟³³，向右就叫我起来，说他也要上厕所⁴⁰。可是进了厕所⁴⁰，他又说不想上了！我就问他：'你为什么这样啊？不想上为什么把我叫起来？'没想到²¹他很不高兴地对我说：'短短的一两个小时，你就上了两次厕所⁴⁰，让我一会儿跟你起来，一会儿又跟你回来睡觉。这样我怎么能睡好觉呢？你睡觉快，可是我睡觉慢啊！你不让我好好儿⁴⁵睡觉，我也不让你好好儿⁴⁵睡！'

45. 好好儿 hǎohāor: nicely, all out, to one's heart's content; earnestly

"向右这样做,是他不对。"向中明说,"那你就打他了?"

向左看了看爸爸,"我听他说这样的话,真的很不高兴,我就……我就打了他一下。没想到[21]他就倒[46]在了地上[41]。他在下边,我在他上边,他的头[31]就出血[37]了……"

向中明听向左说完,真想也打向左一下。可是,他知道,他不能那么[19]做。他只是[34]坐在那儿,什么话也说不出来。

46. 倒 dǎo: fall, topple

过了很长时间,向中明又看了看向左,对他说:"孩子,向右不想上厕所⁴⁰,还让你起来,那是他不对。但是你不应该打他,你打人是一个大错,很大的错!"

看着爸爸不高兴的样子³⁶,向左有点儿怕⁴⁷他。

过了一会儿,向中明又说:"你想想看,你们跟别的孩子一样吗?不一样啊!你打了向右,他的头³¹上出血³⁷了,你也得跟他一起住在医院²里,也不能玩儿。想出去走走,还得问医生³,多不方便啊。你说是不是?"

"是,爸爸。是我不对,我知道错了。"向左说。

"好,知道错就好。爸爸也知道,你以后⁸不会再打人了,对吧?"向中明说。

"是,爸爸。一定不会了。"向左说。

"好孩子,你这样说爸爸很高兴。爸爸明天一天都要工作,妈妈还没有回来,我们都不能在医院²里跟你们在一起。如果⁷有事,你就告诉王医生³,他会帮助³⁸你们。你跟向右在这

---

47. 怕 pà: fear, dread

里要好好儿⁴⁵的,爸爸明天晚上来看你们。"

"没问题,爸爸。"

"还有,等向右起来,要跟他说'对不起'。好吗?"

"知道了。爸爸,我们什么时候可以回家啊?"刚来医院², 向左就想回家了。

"等向右的身体好了,我跟妈妈一起来接你们回去。"

跟向左说完了这些话,向中明的心¹³里觉得舒服了很多。

第二天,向中明跟向左说了"再见",就去工作了。向中明刚走,向右就起来了。向左对向右说:"真对不起,向右,昨天是我不对。"

向右看了一下向左:"就是你不对。你怎么可以打人?"

"爸爸昨天已经说过我了。我真知道错了。"向左说,"真的,向右。你说吧,你让我做什么都行。"

向右刚想再说他,可是听见他说"让我做什么都行",就想了想,说:

3. 住医院

"那好，你帮我打针[48]吧!?"

"帮你打针[48]？我不是医生[3]，不会打针[48]啊！"向左说。

"我不是让你给我打，是让医生[3]给你打针[48]。"向右说。

"什么？是你病了，让医生[3]给我打针[48]？这怎么可以呢？给我打针[48]，你的身体能好吗？"向左心[13]里想，向右会不会是因为倒[46]在地上[41]，头[31]出了问题了？

48. 打针 dǎ zhēn: inject, give or have an injection

向右说:"你忘了爸爸说的话了？我们身体里的血[37]是连[12]在一起的，我呼吸[25]就是你呼吸[25]。打针[48]也一样，给你打就是给我打，你打针[48]，我的身体也能好。"

　　向左懂了:"那……好吧，就给我打吧。"

　　"谢谢你，向左。"向右想了想，又说，"你再帮我一个忙[49]吧。"

　　"帮什么忙[49]？"

　　"你也帮我吃药吧。王医生[3]给的药太难吃[50]了……"

　　"好，没关系，我也帮你吃药。只要[29]你身体早一点儿好就行。我想早一点儿回家，医院[2]里没有电视[51]，也不能唱歌[28]，真没意思[52]。"

> Want to check your understanding of this part?
> Go to the questions on page 55.

49. 帮忙 bāng máng: help, do a favor
50. 难吃 nánchī: horrible (to take the medicine), unsavory
51. 电视 diànshì: TV
52. 没意思 méi yìsi: boring; feel bored

4. 进大学

　　向左和向右18岁了，他们都是大人了。这一年，他们上了大学，做了北方大学的学生。就像大学的校长[27]以前在报纸[26]上说的：他们上北方大学不用参加考试，也不用给钱。这让向左和向右一家人都很高兴。可是，他们有了新的问题。

　　他们两个人不一样高，向左比向右高一点儿。因为他们的腰部[16]是连[12]

在一起的，坐着的时候没问题，可是走路[53]的时候向左就会觉得很累，像是带着向右走一样。他们两个人从小[39]就得学着怎么走路[53]，每[30]次都要先说好[24]往哪里走。如果[7]两个人没有说好[24]，就不能好好儿[45]地在一起走，所以很不方便。以前他们走得不多，问题不太大。可是现在上了大学，每[30]天都要去几个不一样的地方上课，这让他们觉得很累很累。李方和向中明从他们小的时候就说，他们一定要做手术[17]，不做手术[17]不方便，现在他们知道，真像爸爸妈妈说的，太不方便了。

可是，他们还是没有那么[19]多钱做手术[17]。

在大学里还有一件事也很不方便。他们两个想学的东西不一样——向左要学音乐，向右要学英文。因为他们的身体连[12]在一起，只[6]能一起上课，一起复习，一起去图书馆看书。这样，有些课向左不喜欢，向右要上，向左只[6]能去坐着；有些课向右觉得没意思[52]，向左要去上，向右也只[6]能跟他一起去。

---

53. 走路 zǒu lù: walk, go on foot

4. 进大学

　　上大学以后[8]的第一次课是英文，教室里坐了很多学生。同学们第一次见面，老师让大家先用英文介绍一下自己[5]。到向左和向右的时候，老师让向左先说。向左说："大家好！我姓向，名字叫向左，我是中国人。我家住在北京。谢谢！"向左只[6]会这么多，要说别的他就不会了。

　　老师让向右介绍自己[5]，他说："老师好！同学们好！他是向左，我是向右。我不说你们也知道，向左家在北京，我家也只[6]能在北京；他是中国人，我一定不会是美国人……"向右刚说了一点儿，同学们和老师就笑[4]

了。大家想，这个连体[11]人同学真有意思，英文也说得那么[19]好。

　　大学里的英文课让向左觉得有点儿不舒服。因为那天下课[54]以后[8]，同学们见到他和向右，都说："向右你好！你的英文真不错！"可是没有一个人问他向左好。向左在中学[55]的时候就不喜欢英文课，他想：大学是不是可以不上英文课呢？他问了向右，向右马上说："不行！你不去上英文课，我呢？我是一定要上英文课的。"

54. 下课 xià kè: get out of class, class dismissed
55. 中学 zhōngxué: middle school, high school

4. 进大学

向左又去问老师："老师，我可以不上英文课吗？"

"什么？不上什么课？"老师没想到[21]会有学生问这样的问题。

"老师，我想问您，在大学可以不学习英文吗？"向左又问。

这一次，老师知道不是她听错了，这个学生真的不想学英文。老师说："不可以。在大学，英文课每[30]个学生都要上。你想想，从十几年以前开始，中国就有了'英文热[56]'，老人、小孩都在学英文，哪有大学生不学习英文的？还有，现在学生出去找工作，很多工作都要考英文，在学校[57]不学英文，以后[8]找工作就难了。"

听了老师的话，向左知道，以后[8]他只[6]能每[30]天跟着向右一起去上英文课了。

但是，向左没忘他喜欢的是唱歌[28]。上课以后[8]的第二个星期，学校[57]有一个晚会[58]，老同学和新同学一起，有八百多人参加。在晚会[58]上，向左唱了一个歌，是他爱唱的《你从

---

56. 英文热 Yīngwénrè: English fever
57. 学校 xuéxiào: school
58. 晚会 wǎnhuì: evening party, soiree

哪里来，我的朋友》。向左唱得太好了，刚唱完，八百多个同学马上就大叫："好！好！再唱一个……再来一个……"

以前向左唱歌[28]，都是在家里唱。天气好的时候，一家人去公园玩儿，向左也唱过。爸爸妈妈和向右也都说他唱得不错，可是他没想到[21]自己[5]唱得这么好，会有这么多同学喜欢。

"谢谢，谢谢你们！我是一个新学生，以前没给这么多人唱过歌，你们喜欢我的歌，我真高兴！"向左对大家说。

"再唱一个!""再来一个!"同学们又大叫着。

"那么[19],我再给大家唱一个《一张照片》,再一次谢谢大家!"

《一张照片》向左也唱得非常好,唱完了还有很多同学大叫着让他"再来一个"。

从那次晚会[58]以后[8],学校[57]的很多同学都知道了会唱歌[28]的向左,也知道了他是个连体[11]人。他跟向右一起走路[53]的时候,大家都对他说:"向左,你好!你唱歌[28]唱得真好!"可是很少有人问向右好了。这时候,向左很高兴,向右心[13]里就有点儿不舒服了。

也是从那天以后[8],学校[57]里每[30]次有晚会[58],都会请向左去唱歌[28],听他唱歌[28]是晚会[58]上同学们最喜欢的一件事,有些同学去参加晚会[58],就是因为要听向左唱歌[28]。好像[9]向左没来唱歌[28],晚会[58]就没有意思了。

向左每[30]次去唱歌[28],向右一定也得去。第一次、第二次,向右还觉得有点儿意思,大家喜欢向左的歌,他也觉得很高兴。可是晚会[58]去多了,他就没有时间学英文和上别的课了,他跟向左说了他的问题。向左说："我怎么能不去唱歌[28]呢？我不喜欢英文，可是每[30]天都跟你去上课；你不爱唱歌[28]，但是你也要帮助[38]我，那是我最喜欢的事了。"

向左这么说，向右也就没有话说了。

Want to check your understanding of this part?
Go to the questions on page 55–56.

5. 见到王学文

12月31号，学校[57]又有晚会[58]，一个很大的晚会[58]，校长[27]也来参加了，他还带来了一个客人。这个客人叫王学文，英文名字叫杰克（Jiékè: Jack），三十多岁，是在美国生[1]的，他爸爸妈妈和姐姐都说中文，所以他也会说中文。他的父母是校长[27]的朋友，他这次来北京，就住在校长[27]的家里。校长[27]来参加晚会[58]前，告诉王学文北方大学有两个孩子，是连体[11]人，叫向左和向右，向左唱歌[28]唱得非常好。王学文在美国的一家公司[59]工作，这家公司[59]里有不少唱歌[28]的。他听了校长[27]的话以后[8]非常高兴，一定要参加晚会[58]，想见见向左，听向左唱歌[28]。

晚会[58]还没完，王学文就来找向左，他先很客气地说："向左，你好！"向左说："您好！"王学文问：

59. 公司 gōngsī: company

"你还会唱哪些歌？会唱英文歌吗？"向左说："我会唱很多中文歌，英文歌只⁶会唱三个。"王学文又问："跟我去美国，去我们公司⁵⁹唱歌²⁸，怎么样？"

去美国唱歌²⁸？向左觉得自己⁵听错了，他没有说话，只是³⁴看着王学文。

王学文又说："我们公司⁵⁹也有连体¹¹人，美国很多人喜欢听她们唱歌²⁸。你们跟我去美国，我们会帮助³⁸你们。你的歌唱得非常好，美国一定有人喜欢。"

现在向左听懂了，王先生真的是请他去美国唱歌²⁸。向左高兴了一会儿，马上就觉得有问题："谢谢您，王先生。可是，去美国我们没有钱，再说[60]，我和向右是连[12]在一起的，去美国也不方便。"

"没关系，我们公司[59]帮助[38]你们，公司[59]会给你们吃的、喝的，给你们住的地方，还会帮助[38]你学英文，学唱英文歌。你只要[29]好好儿[45]唱歌[28]，别的事我们都会帮助[38]你们，公司[59]还会给你很多钱。"

能去美国，向右最高兴。英文是他最喜欢的课，去美国学英文说英文，不是很好吗？所以他对向左说："我们应该去美国。公司[59]给你钱，我们就可以在美国做手术[17]了，多好的事啊！我们一定要去美国！"向左听向右这样说，也很高兴，就对王先生说："好吧，我们跟你去美国。王先生，谢谢您！"

> Want to check your understanding of this part?
> Go to the questions on page 56.

---

60. 再说 zàishuō: besides, furthermore

6. 去美国

现在，向左和向右已经坐在了去美国的飞机上，王学文也和他们坐在一起。

"谢谢您，王先生！能认识您，还能跟您去美国，我们真高兴！"向右对王学文说。

"是啊，真是谢谢您！"向左也说。

6. 去美国

"别谢我,"王学文说,"我真的很喜欢唱歌[28]唱得好的人。再说[60],我请你们来,是想帮助[38]你们,也是帮助[38]我的公司[59]。我知道你们两个人要做手术[17],手术[17]很贵,没有很多钱不行。向左在美国唱歌[28]唱好了,你们就有钱做手术[17]了。你们到美国唱歌[28]对我的公司[59]也很好,你唱好了,公司[59]也会拿钱的。"

"上次您说您在美国有连体[11]人朋友,她们也很会唱歌[28],是吧?"向左想到[21]了王学文那天说的话。

王学文说:"是的。这两个朋友一个叫玛丽,一个叫切尔西,今年已经三十多岁了。她们跟我在一个公司[59],我打算请她们帮助[38]你们,和你们一起唱歌[28]。"

"啊,玛丽和切尔西!"向左叫了起来,"我和向右在很小的时候就看过一本介绍她们的书。我很喜欢切尔西,我知道,她的工作就是唱歌[28],她唱的《我们快乐》,我也会唱。"

王学文说:"你们跟切尔西一起唱,很快就会有很多美国人喜欢你们。到了美国以后[8]我们就去找她们。"

37

向右想到²¹了一个问题:"玛丽和切尔西现在还是连体¹¹人吗?"

"是的,她们两个人还是连¹²在一起。"王学文说。

"很多人喜欢听她们唱歌²⁸,她们一定有很多钱了,她们为什么不做手术¹⁷?"向右又问。

王学文说:"她们和你们不一样。你们是腰部¹⁶连¹²在一起,她们是头³¹连¹²在一起,不能做手术¹⁷。"

十几个小时后,他们到了美国,下了飞机,那天中午的天气很不错。王学文开着汽车,先带他们到自己⁵的家里。在王学文家住了几天以后⁸,王学文给玛丽和切尔西打了电话,说好²⁴星期四去她们家跟她们见面。向左和向右想坐一坐美国的公共汽车,坐公共汽车去玛丽和切尔西家也很方便。星期四那天他们就一起上了公共汽车。

玛丽和切尔西住的地方不太远,那个地方房子不多,很漂亮。她们家是一个小楼。见到中国来的这两个小客人,玛丽和切尔西很高兴。她们拿出可乐⁶¹和水，请向左和向右喝，还拿出一些好吃的东西请他们吃。坐了一会儿，她们请向左和向右参观她们的家。玛丽比切尔西高出半个身体。切尔西不能走，她坐在一个小车上，玛丽用头³¹带着她走。因为只有⁶²玛丽一个人能走，所以参观的时候她们比向左和向右走得慢多了，走了一会儿，玛丽好像⁹就很累了。

这时候，王学文说："来，我们都坐下来，请向左唱个歌，你们听听他

61. 可乐 kělè: coke, coca cola
62. 只有 zhǐyǒu: only if

唱得怎么样，好不好？"

"好，好，我们来听他唱歌[28]。上次在电话里听你介绍他以后[8]，我就在等着听他唱歌[28]了。"切尔西说。

向左开始唱切尔西的《我们快乐》，切尔西和玛丽听着，慢慢地都哭[22]了。

"你唱得太好了！比我唱得还好。认识你们我真高兴！"切尔西看着向左，对他说。

从玛丽和切尔西家出来，向右对向左说："我现在都想谢谢妈妈了……"

6. 去美国

"因为我们的头[31]没有连[12]在一起?"向右问。

"没错!"

"你也应该谢谢我吧?"

"为什么?"

"你的英文不好,如果[7]我不帮助[38]你,你刚才就不能跟玛丽和切尔西说话了。"

> Want to check your understanding of this part?
> Go to the questions on page 56–57.

7. 上电视[51]

　　向左和向右在美国已经半年了，有很多人要听向左唱歌[28]，向右慢慢地也会唱一些歌了。他们每[30]天都很忙，常常没时间给在中国的爸爸妈妈打电话，有时候上午有点儿时间，那时候在北京的爸爸妈妈都在睡觉，打电话不方便。所以向左和向右就只[6]能给爸爸妈妈写电子邮件[63]。

63. 电子邮件 diànzǐ yóujiàn: e-mail

7. 上电视

这一天，他们又给爸爸妈妈写了一个电子邮件[63]。

爸爸妈妈：

你们身体好吗？真想你们！美国这边现在是中午，你们现在应该都在睡觉吧。我们以前告诉过你们，美国有很多人喜欢听我们唱歌[28]，现在，每[30]一个地方都有人认识我们！今天的电子邮件[63]后边有一些我们上个星期唱歌[28]的照片，照片里的女连体[11]人就是玛丽和切尔西，我们以前跟你们说过她们。我们来美国以后[8]，她们帮了我们很多忙[49]，还和我们一起唱歌[28]，有的时候跟我们坐车去旅行。现在我们会游泳了，也是跟玛丽和切尔西学的！

还有一件高兴的事，以前没有跟你们说。我们来美国唱歌[28]以后[8]，因为很多人喜欢听我们唱歌[28]，公司[59]给了我们很多钱。现在，我们准备在美国做手术[17]，如果[7]没有别的问题，一个月后就做。手术[17]做好了，我们会马上告诉你们！

爸爸妈妈，这几天高兴的事真多，就在几天以前，中国CCTV的人

来美国采访[64]了我们。问了我们很多问题,我们是怎么说的,现在不告诉你们,请你们一定要看电视[51]。他们说北京时间7月17号,也就是明天的下午两点,在CCTV-4能看到[10]这次采访[64]。7月17号下午两点,爸爸妈妈一定不要忘了啊!

向左、向右
7月16号

"7月17号……那不就是今天吗?现在几点几分了?"李方问。

"两点十分了,快打开[65]电视[51]!"向中明大叫。

打开[65]电视[51],他们看到[10]了半年没见的孩子。向左穿着红衣服,向右也穿着红衣服。他们好像[9]有点儿累,但是很高兴。采访[64]他们的是一个二十多岁的小姐。

"刚才,我们已经用一些照片介绍了向左和向右是怎么一点儿一点儿长大的……"

64. 采访 cǎifǎng: interview (with someone for media reports), cover (a news story)
65. 打开 dǎkāi: turn on (TV), open up

7. 上电视

"晚了，晚了，"向中明说，"刚才说的没看到[10]。"

"……现在，让我来问你们几个问题。我想，这几个问题也是坐在电视[51]机前的人、喜欢你们的人想问的。"采访[64]的小姐问向左和向右："请问，如果[7]可以再生[1]一次，你们还想做连体[11]人吗？"

"不想啊！如果[7]是你，你想做连体[11]人吗？"李方觉得那个小姐不应该问这样的问题。

"不应该问孩子这样的问题。"向中明也说。

45

没想到[21]向左说:"再做连体[11]人没有问题。我觉得做连体[11]人不一定是件坏事。"

"为什么?"采访[64]的小姐问。

"有的时候,一个人不快乐,就是因为他不能常常跟别人在一起说话、一起玩儿。可是,我们很少觉得不快乐,因为我们生下[14]来就每[30]天在一起。"

"还有,"向右说,"现在,我们知道有些连体[11]人比我们过得还要好。像美国的玛丽和切尔西,她们的头[31]是连[12]在一起的,和我们不是一种连体[11]人,她们比我们还不方便。但是我知道她们过得很快乐,我们跟她们常常见面。在美国,还有一种连体[11]人,他们有两个头[31],可是身体只[6]有一个,他们还能开汽车呢!所以,做连体[11]人不是像很多人想的,一定不好。"

听了孩子们的话,李方看了看向中明,向中明也看了看李方,没想到[21]两个孩子会这样想。李方哭[22]了。孩子快乐,就是妈妈最大的快乐啊!

7. 上电视

"如果⁷做连体¹¹人很好,那你们为什么还想做手术¹⁷分开⁶⁶呢?"小姐又问。

"因为在一起还是不方便。"向左说,"睡觉的时候,如果⁷他想喝水,我就得跟他一起起来。我喜欢看书,常常看到¹⁰一两点钟,他也得跟我一起坐到很晚。还有,如果⁷我感冒了,他也得和我一起打针⁴⁸吃药。"

"穿衣服也是一个问题。我们穿的衣服在哪儿都买不到⁶⁷。"向右说。

"那你们现在的衣服是从哪儿来的?"

"是妈妈做的。她把两件一样的衣服做到一起,我们只⁶能穿这样的衣服。"

向左又说:"这些事还是小事。我觉得让我最想和向右分开⁶⁶的是:我想有个女朋友,也想有个自己⁵的小家。"

向右说:"对,我也想有女朋友。可是和女朋友在一起,连体¹¹人就太不方便了。你想,如果⁷我的女朋友对

---

66. 分开 fēnkāi: separate, part
67. 买不到 mǎi bu dào: cannot buy (not available on the market)

我说了什么，向左都听到了，那女朋友会高兴吗？还有，如果[7]我和我女朋友再想要个孩子……"

"我们两个人还有一个大问题，"向左说，"我们想做的工作不一样。向右从小[39]就喜欢看书，他想多学习，以后[8]做大学老师；我呢，还是想学习音乐，唱歌[28]，写歌。"

"我听过你们唱歌[28]，你们唱的歌都是你写的吗？"

"有很多是我写的。"向左说，"我还给玛丽和切尔西写过呢！"

"是吗？那现在能请你们唱吗？"

"没问题。"向左说，"今天要唱的歌的名字叫《我们心[13]连[12]心[13]》。我们很高兴能给大家唱，能给我们的爸爸妈妈唱。爸爸妈妈，你们在看电视[51]吗？我们要告诉你们：没有你们，就不会有我们的今天，谢谢你们！"

说完，向左唱了起来，向右也跟着一起唱——

7. 上电视

常常有朋友问，
我们是一个人还是两个人？
我只⁶对他说：
这不用问，
没有哪两个人
会比我们离⁶⁸得近。
没有哪两个人
会像我们心¹³连¹²心¹³。

我们真的好得很，
我们真的有快乐的心¹³。
如果⁷有一天，

68. 离 lí: from, part from

我们分开[66]了身体,
可是我们的心[13],
还是很近,很近……

Want to check your understanding of this part?
Go to the questions on page 57.

To check your global understanding of this reader,
go to the questions on page 58.

生词表
Vocabulary list

1	生	shēng	give birth to, be born
2	医院	yīyuàn	hospital
3	医生	yīshēng	doctor
4	笑	xiào	smile, laugh
5	自己	zìjǐ	oneself
6	只	zhǐ	only, just, merely
7	如果	rúguǒ	if, in case
8	以后	yǐhòu	after, afterwards, later
9	好像	hǎoxiàng	as if, look like, seem
10	看到	kàndào	see, catch sight of
11	连体	liántǐ	conjoined body
12	连	lián	join, link, connect
13	心	xīn	heart; mind, feeling
14	生下	shēngxia	give birth to; be delivered of
15	放下	fàngxia	lay down, put down
16	腰部	yāobù	waist, loin
17	手术	shǒushù	surgical operation
18	万	wàn	ten thousand
19	那么	nàme	so, so very much
20	上学	shàng xué	go to school, attend school
21	想到	xiǎngdào	bethink of, call to mind
22	哭	kū	cry, weep
23	想好	xiǎnghǎo	think through, figure out
24	说好	shuōhǎo	talk and agree with someone about something
25	呼吸	hūxī	breathe

26	报纸	bàozhǐ	newspaper
27	校长	xiàozhǎng	(school) principal, president, chancellor
28	唱歌	chàng gē	sing (a song)
29	只要	zhǐyào	if only, as long as
30	每	měi	every, each
31	头	tóu	head
32	放	fàng	put, place
33	分钟	fēnzhōng	minute
34	只是	zhǐshì	just, simply
35	出事	chū shì	have an accident
36	样子	yàngzi	appearance, shape; manner, air
37	血	xiě	blood
38	帮助	bāngzhù	help, assist
39	从小	cóng xiǎo	from childhood
40	厕所	cèsuǒ	restroom, lavatory, toilet
41	地上	dìshang	on the floor or ground
42	找到	zhǎodào	find
43	走来走去	zǒulái zǒuqù	pace, walk up and down
44	想起来	xiǎng qilai	call to mind, bethink of
45	好好儿	hǎohāor	nicely, all out, to one's heart's content; earnestly
46	倒	dǎo	fall, topple
47	怕	pà	fear, dread
48	打针	dǎ zhēn	inject, give or have an injection
49	帮忙	bāng máng	help, do a favor
50	难吃	nánchī	horrible (to take the medicine), unsavory
51	电视	diànshì	TV
52	没意思	méi yìsi	boring; feel bored
53	走路	zǒu lù	walk, go on foot

生词表

54	下课	xià kè	get out of class; class dismissed
55	中学	zhōngxué	middle school, high school
56	英文热	Yīngwénrè	English fever
57	学校	xuéxiào	school
58	晚会	wǎnhuì	evening party, soiree
59	公司	gōngsī	company
60	再说	zàishuō	besides, furthermore
61	可乐	kělè	coke, coca cola
62	只有	zhǐyǒu	only if
63	电子邮件	diànzǐ yóujiàn	e-mail
64	采访	cǎifǎng	interview (with someone for media reports), cover (a news story)
65	打开	dǎkāi	turn on (TV), open up
66	分开	fēnkāi	separate, part.
67	买不到	mǎi bu dào	cannot buy (not available on the market)
68	离	lí	from, part from

练习
Exercises

1. 生[1]了两个孩子

   根据故事选择正确答案。Select the correct answer for each of the questions.

   (1)

   a. 向右是向左的哥哥。

   b. 向左和向右是连体[11]人。

   c. 向左和向右是哥哥和弟弟。

   (2)

   a. 看见刚生[1]下来的向左和向右,他们的爸爸向中明笑[4]了。

   b. 看见刚生[1]下来的向左和向右,他们的妈妈李方很高兴。

   c. 看见刚生[1]下来的向左和向右,帮助[38]李方生[1]下向左和向右的医生[3]很忙。

   (3)

   a. 医生[3]说一定要给向左和向右做手术[17]。

   b. 做手术要20万[18],向中明和李方有200万[18]。

   c. 李方想,向左和向右不做手术也跟别的孩子一样快乐。

   (4)

   a. 向中明觉得李方生[1]了连体[11]人对不起他。

   b. 向中明觉得生[1]连体[11]人没有人应该说"对不起"。

   c. 李方生[1]了向左和向右两个连体[11]的孩子,觉得很舒服。

2. **不用呼吸[25]的向右**

   下面的说法哪个对哪个不对？Mark the correct statements with "T" and the incorrect ones with "F".

   (1) 向左和向右5岁的时候没有做手术[17]，因为向中明和李方没有钱。　　　　　　　　　　　　　　　　（　）

   (2) 向右喜欢唱歌[28]，向左喜欢看书。　　　　（　）

   (3) 向右10分钟[33]不用呼吸[25]，因为他不会呼吸[25]。（　）

3. **住医院[2]**

   根据故事选择正确答案。Select the correct answer for each of the questions.

   (1) 向左和向右怎么去医院[2]的？

   　　a. 向中明开车送两个孩子去医院[2]。

   　　b. 向中明打120请他们帮助[38]把孩子送到医院[2]。

   (2) 向右为什么住医院[2]？

   　　a. 他感冒了。

   　　b. 向左打了他一下，他倒[46]在地上[41]，头[31]流血[37]了。

   (3) 向左在医院[2]怎样帮助[38]向右？

   　　a. 替他打针[48]和吃药。

   　　b. 替他找医生[3]。

4. **进大学**

   下面的说法哪个对哪个不对？Mark the correct statements with "T" and the incorrect ones with "F".

   (1) 向左和向右不一样高，所以走路[53]不方便。（　）

   (2) 向中明告诉北方大学的校长[27]，他没有钱让孩子上大学。

   　　　　　　　　　　　　　　　　　　　　（　）

(3) 老师说以后[8]找工作得考英文,所以向左得学英文。　(　)

(4) 因为向左和向右是连体[11]人,所以同学们喜欢听他唱歌[28]。　(　)

5. 见到王学文

下面的说法哪个对哪个不对？Mark the correct statements with "T" and the incorrect ones with "F".

(1) 王学文认识向左和向右的爸爸。　(　)

(2) 王学文的公司[59]有很多人唱歌[28]。　(　)

(3) 向左觉得去美国有问题,因为他没有钱。　(　)

(4) 向右很高兴去美国。　(　)

6. 去美国

根据故事选择正确答案。Select the correct answer for each of the questions.

(1) 王学文为什么请向左和向右去美国？

　　a. 因为他们去美国可以有钱做手术[17],他的公司[59]也能拿钱。

　　b. 因为他自己[5]可以拿很多钱。

(2) 玛丽和切尔西为什么还连[12]在一起？

　　a. 因为她们没有钱手术[17]。

　　b. 因为她们的头[31]连[12]在一起,不能手术[17]。

(3) 向左和向右怎样去玛丽和切尔西的家？

　　a. 王学文开车带向左和向右去玛丽和切尔西的家。

　　b. 他们坐公共汽车去玛丽和切尔西的家。

(4) 玛丽和切尔西为什么帮助[38]向左和向右?

    a. 因为她们也是连体[11]人,很喜欢向左和向右。

    b. 因为她们也想拿钱。

(5) 切尔西怎么知道向左会唱歌[28]?

    a. 向左打电话告诉她的。

    b. 王学文打电话向她介绍过。

7. 上电视[51]

下面的说法哪个对哪个不对?Mark the correct statements with "T" and the incorrect ones with "F".

(1) 向左和向右到美国以后[8]常常给爸爸妈妈打电话。 ( )

(2) 玛丽和切尔西跟他们一起表演,美国人很喜欢看。 ( )

(3) 北京时间7月17号在CCTV-4可以看到[10]CCTV的人采访[64]向左和向右。 ( )

(4) 向左向右觉得做连体[11]人太不好了。 ( )

(5) 向左和向右觉得连体[11]人有很多不方便的地方,所以要分开[66]。 ( )

综合理解 Global understanding

下面的话有的说得不对,请找出来,并且改正。Can you find out the mistakes in the following passage and correct them?

李方在医院[2]生[1]下了两个男孩子向左和向右,他们是连[11]人,他们吃饭在一起,睡觉在一起,向左去什么地方,向右也得去什么地方。向左喜欢看书,向右喜欢唱歌[28]。有一天,向右问妈妈:"人一定要呼吸[25]吗?"妈妈说:"对。你接一些水,把头[31]放[32]进去。水不要热的。"向左告诉妈妈,向右把头[31]放[32]进水里20分钟[33]了。妈妈问向右是不是觉得不舒服?向右说:"我觉得有点儿不舒服。"向中明知道,这是因为向左和向右的头[31]部连[12]在一起,所以血[37]是连[12]在一起的。有一天,向右住医院[2]了,向左说:"我们一起打针[48]和吃药吧,因为我们身体里的血[37]是连[12]在一起的。"向左和向右18岁的时候,去北京大学上学[20],向左学英文,向右学音乐。向左唱歌[28]唱得很好,他上课的时候,同学们很喜欢。在晚会[58]上,向左认识了王学文,他让王学文带他去美国唱歌[28]。在美国,向左和向右跟美国的连[11]人玛丽和切尔西一起表演,向左很喜欢切尔西,因为他英文很好。在美国,CCTV的记者采访[64]了向左和向右,向左说:"做连[11]人不一定是坏事,因为大家喜欢看我们表演。"向右说:"连[11]人有时候很不方便,不能有女朋友。所以我们想分开[66]。"他们现在有钱了,三个月以后[8]就可以做手术[17]了。

练习答案
Answer keys to the exercises

1. 生了两个孩子
   (1) b   (2) c   (3) a   (4) b

2. 不用呼吸[25]的向右
   (1) T   (2) F   (3) F

3. 住医院[2]
   (1) b   (2) b   (3) a

4. 进大学
   (1) T   (2) F   (3) T   (4) F

5. 见到王学文
   (1) F   (2) T   (3) T   (4) T

6. 去美国
   (1) a   (2) b   (3) b   (4) a   (5) b

7. 上电视[51]
   (1) F   (2) T   (3) T   (4) F   (5) T

综合理解 Global understanding

　　李方在医院²生¹下了两个男孩子向左和向右,他们是连体¹¹人,他们吃饭在一起,睡觉在一起,向左去什么地方,向右也得去什么地方。<u>向左</u>(向右)喜欢看书,<u>向右</u>(向左)喜欢唱歌²⁸。有一天,向右问妈妈:"人一定要呼吸²⁵吗?"妈妈说:"对。你接一些水,把头³¹放³²进去。水<u>不要</u>(要)热的。"向左告诉妈妈,向右把头³¹放³²进水里<u>20</u>(10)分钟³³了。妈妈问向右是不是觉得不舒服?向右说:"我觉得有一点儿不舒服(很好呀)。"向中明知道,这是因为向左和向右的头³¹部(腰部¹⁶)连¹²在一起,所以血³⁷是连¹²在一起的。有一天,向右住医院²了,<u>向左</u>(他对向左)说:"我们一起(你帮我)打针⁴⁸和吃药吧,因为我们身体里的血³⁷是连¹²在一起的。"向左和向右18岁的时候,去北京(北方)大学上学²⁰,<u>向左</u>(向右)学英文,<u>向右</u>(向左)学音乐。向左唱歌²⁸唱得很好,他上课的时候(在晚会⁵⁸上)唱歌²⁸,同学们很喜欢。在晚会⁵⁸上,向左认识了王学文,<u>他让王学文带他</u>(王学文请他们)去美国唱歌²⁸。在美国,向左和向右跟美国的连体¹¹人玛丽和切尔西一起表演,向左很喜欢切尔西,因为<u>他英文</u>(唱歌²⁸唱得)很好。在美国,CCTV的记者采访⁶⁴了向左和向右,向左说:"做连体¹¹人不一定是坏事,因为<u>大家喜欢看我们表演</u>(我们在一起很快乐)。"向右说:"连体¹¹人<u>不能有女朋友</u>(和女朋友在一起很不方便)。所以我们想分开⁶⁶。"他们现在有钱了,<u>三</u>(一)个月以后⁸就可以做手术¹⁷了。

为所有中文学习者(包括华裔子弟)编写的
第一套系列化、成规模、原创性的大型分级轻松泛读丛书

"汉语风"(Chinese Breeze)分级系列读物简介

"汉语风"(Chinese Breeze)是一套大型中文分级泛读系列丛书。这套丛书以"学习者通过轻松、广泛的阅读提高语言的熟练程度,培养语感,增强对中文的兴趣和学习自信心"为基本理念,根据难度分为8个等级,每一级6—8册,共近60册,每册8,000至30,000字。丛书的读者对象为中文水平从初级(大致掌握300个常用词)一直到高级(掌握3,000—4,500个常用词)的大学生和中学生(包括修美国AP课程的学生),以及其他中文学习者。

"汉语风"分级读物在设计和创作上有以下九个主要特点:

一、等级完备,方便选择。精心设计的8个语言等级,能满足不同程度的中文学习者的需要,使他们都能找到适合自己语言水平的读物。8个等级的读物所使用的基本词汇数目如下:

第1级:300 基本词	第5级:1,500 基本词
第2级:500 基本词	第6级:2,100 基本词
第3级:750 基本词	第7级:3,000 基本词
第4级:1,100 基本词	第8级:4,500 基本词

为了选择适合自己的读物,读者可以先看看读物封底的故事介绍,如果能读懂大意,说明有能力读那本读物。如果读不懂,说明那本读物对你太难,应选择低一级的。读懂故事介绍以后,再看一下书后的生词总表,如果大部分生词都认识,说明那本读物对你太容易,应试着阅读更高一级的读物。

二、题材广泛,随意选读。丛书的内容和话题是青少年学生所喜欢的侦探历险、情感恋爱、社会风情、传记写实、科幻恐怖、神话传说等。学习者可以根据自己的兴趣爱好进行选择,享受阅读的乐趣。

三、词汇实用,反复重现。各等级读物所选用的基础词语是该等级的学习者在中文交际中最需要最常用的。为研制"汉语风"各等级的基础词表,"汉语风"工程首先建立了两个语料库:一个是大规模的当代中文书面

语和口语语料库,一个是以世界上不同地区有代表性的40余套中文教材为基础的教材语言库。然后根据不同的交际语域和使用语体对语料样本进行分层标注,再根据语言学习的基本阶程对语料样本分别进行分层统计和综合统计,最后得出符合不同学习阶段需要的不同的词汇使用度表,以此作为"汉语风"等级词表的基础。此外,"汉语风"等级词表还参考了美国、英国等国和中国大陆、台湾、香港等地所建的10余个当代中文语料库的词语统计结果。以全新的理念和方法研制的"汉语风"分级基础词表,力求既具有较高的交际实用性,也能与学生所用的教材保持高度的相关性。此外,"汉语风"的各级基础词语在读物中都通过不同的语境反复出现,以巩固记忆,促进语言的学习。

四、易读易懂,生词率低。"汉语风"严格控制读物的词汇分布、语法难度、情节开展和文化负荷,使读物易读易懂。在较初级的读物中,生词的密度严格控制在不构成理解障碍的1.5%到2%之间,而且每个生词(本级基础词语之外的词)在一本读物中初次出现的当页用脚注做出简明注释,并在以后每次出现时都用相同的索引序号进行通篇索引,篇末还附有生词表,以方便学生查找,帮助理解。

五、作家原创,情节有趣。"汉语风"的故事以原创作品为主,多数读物由专业作家为本套丛书专门创作。各篇读物力求故事新颖有趣,情节符合中文学习者的阅读兴趣。丛书中也包括少量改写的作品,改写也由专业作家进行,改写的原作一般都特点鲜明、故事性强,通过改写降低语言难度,使之适合该等级读者阅读。

六、语言自然、鲜活。读物以真实自然的语言写作,不仅避免了一般中文教材语言的枯燥和"教师腔",还力求鲜活地道。

七、插图丰富,版式清新。读物在文本中配有丰富的、与情节内容自然融合的插图,既帮助理解,也刺激阅读。读物的版式设计清新大方,富有情趣。

八、练习形式多样,附有习题答案。读物设计了不同形式的练习以促进学习者对读物的多层次理解;所有习题都在书后附有答案,以方便查对,利于学习。

九、配有录音,两种语速选择。各册读物所附的故事录音(MP3格式),有正常语速和慢速两种语速选择,学习者可以通过听的方式轻松学习、享受听故事的愉悦。故事录音可通过扫描封底的二维码获得,也可通过网址http://www.pup.cn/dl/newsmore.cfm?sSnom=d203下载。

For the first time ever, Chinese has an extensive series of enjoyable graded readers for non-native speakers and heritage learners of all levels

ABOUT Hànyǔ Fēng (*Chinese Breeze*)

Hànyǔ Fēng (*Chinese Breeze*) is a large and innovative Chinese graded reader series which offers nearly 60 titles of enjoyable stories at eight language levels. It is designed for college and secondary school Chinese language learners from beginning to advanced levels (including AP Chinese students), offering them a new opportunity to read for pleasure and simultaneously developing real fluency, building confidence, and increasing motivation for Chinese learning. *Hànyǔ Fēng* has the following main features:

☆ Eight carefully graded levels increasing from 8,000 to 30,000 characters in length to suit the reading competence of first through fourth-year Chinese students:

Level 1: 300 base words	Level 5: 1,500 base words
Level 2: 500 base words	Level 6: 2,100 base words
Level 3: 750 base words	Level 7: 3,000 base words
Level 4: 1,100 base words	Level 8: 4,500 base words

To check if a reader is at one's reading level, a learner can first try to read the introduction of the story on the back cover. If the introduction is comprehensible, the leaner will be able to understand the story. Otherwise the learner should start from a lower level reader. To check whether a reader is too easy, the learner can skim the Vocabulary (new words) Index at the end of the text. If most of the words on the new word list are familiar to the learner, then she/ he should try a higher level reader.

☆ Wide choice of topics, including detective, adventure, romance, fantasy, science fiction, society, biography, mythology, horror, etc. to meet the diverse interests of both adult and young adult learners.

☆ Careful selection of the most useful vocabulary for real life communication in modern standard Chinese. The base vocabulary used for writing each level was generated from sophisticated computational analyses of very large written and spoken Chinese corpora as well as a language databank of over 40 commonly used or representative Chinese textbooks in different countries.

☆ Controlled distribution of vocabulary and grammar as well as the deployment of story plots and cultural references for easy reading and efficient learning, and highly recycled base words in various contexts at each level to maximize language development.

☆ Easy to understand, low new word density, and convenient new word glosses and indexes. In lower level readers, new word density is strictly limited to 1.5% to 2%. All new words are conveniently glossed with footnotes upon first appearance and also fully indexed throughout the texts as well as at the end of the text.

☆ Mostly original stories providing fresh and exciting material for Chinese learners (and even native Chinese speakers).

☆ Authentic and engaging language crafted by professional writers teamed with pedagogical experts.

☆ Fully illustrated texts with appealing layouts that facilitate understanding and increase enjoyment.

☆ Including a variety of activities to stimulate students' interaction with the text and answer keys to help check for detailed and global understanding.

☆ Audio files in MP3 format with two speed choices (normal and slow) accompanying each title for convenient auditory learning. Scan the QR code on the backcover, or visit the website http://www.pup.cn/dl/newsmore.cfm?sSnom=d203 to download the audio files.

"汉语风"系列读物其他分册
Other *Chinese Breeze* titles

"汉语风"全套共8级近60册,自2007年11月起由北京大学出版社陆续出版。下面是已经出版或近期即将出版的各册书目。请访问北京大学出版社网站(www.pup.cn)关注最新的出版动态。

Hànyǔ Fēng (*Chinese Breeze*) series consists of nearly 60 titles at eight language levels. They have been published in succession since November 2007 by Peking University Press. For most recently released titles, please visit the Peking University Press website at www.pup.cn.

第1级:300词级
Level 1: 300 Word Level

错,错,错!
Wrong, Wrong, Wrong!

6月8号,北京。一个漂亮的小姐在家里死(sǐ: die)了,她身上有一封信,说:"我太累了,我走了。"下面写的名字是"林双双"。双双有一个妹妹叫对对,两人太像了,别人都不知道哪个是姐姐,哪个是妹妹……死(sǐ: die)了的小姐是双双,对对到哪里去了?死(sǐ: die)了的小姐是对对,为什么信上写的是"林双双"?

June 8, Beijing. A pretty girl lies dead on the floor of her luxury home. A slip of paper found on her body reads, "I'm tired. Let me leave..." At the bottom of the slip is a signature: Lin Shuangshuang.

Shuangshuang has a twin-sister called Duidui. The two girls look so similar that others can hardly tell who's who. Is the one who died really Shuangshuang? Then where is Duidui? If the one who died is Duidui as someone claimed, then why is the signature on the slip Lin Shuangshuang?

两个想上天的孩子
Two Children Seeking the Joy Bridge

"叔叔,在哪里买飞机票?"
"小朋友,你们为什么来买飞机票?要去旅行吗?"
"不是。""我们要到天上去。"
……

这两个要买飞机票的孩子,一个7岁,一个8岁。没有人知道,他们为什么想上天。这两个孩子也不知道,在他们出来以后,有人给他们的家里打电话,让他们的爸爸妈妈拿钱去换他们呢……

"Sir, where is the air-ticket office?"
"You two kids come to buy air-tickets? Are you gonna travel somewhere?"
"Nope." "We just wanna go up to the Joy Bridge."
"The Joy Bridge?"
...

Of the two children at the airport to buy air-tickets, one is 7 and the other is 8. Beyond their wildest imaginings, after they ran away, their parents were called by some crooks who demanded a ransom to get them back...

我一定要找到她……
I Really Want to Find Her...

那个女孩儿太漂亮了,戴伟、杰夫和秋田看到了她的照片,都要去找她!照片是老师死前给他们的,可是照片上的中国女孩儿在哪儿?他们都不知道。最后,他们到中国是怎么找到那个女孩儿的?女孩儿又和他们说了什么?

She is really beautiful. Just one look at her photo and three guys, Dai-wei, Jie-fu and Qiu-tian, are all determined to find her! The photo was given to them by their professor before he died. And nobody knows where in China the girl is. How can the guys find her? And what happens when they finally see her?

我可以请你跳舞吗?
Can I Dance with You?

一个在银行工作的男人,跟他喜欢的女孩子刚认识,可是很多警察来找他,要带他走,因为银行里的一千万块钱不见了,有人说是他拿走的。

但是,拿那些钱的不是他,他知道是谁拿的。可是,他能找到证据吗?这真太难了。还有,以后他还能和那个女孩子见面吗?

A smart young man suddenly gets into big trouble. He just fell in love with a pretty girl, but now the police come and want to arrest him. The bank he works for lost 10 million dollars, and the police list him as a suspect.

Of course he is not the robber! He even knows who did it. But can he find evidence to prove it to the police? It's all just too much. Also, will he be able to see his girlfriend again?

你最喜欢谁?
Whom Do You Like More?

谢红去了外国,她是方新喜欢的人,可是方新不想去外国,因为他要在中关村做他喜欢的工作。小月每天来看方新,她是喜欢方新、也能帮方新的人,可是方新还是想着谢红。方新真不知道应该怎么办……

Xie Hong, Fang Xin's true love, has gone abroad to fulfill her dream. But Fang Xin only wants to stay in Zhongguancun in Beijing doing work that he enjoys. Xiao-yue comes to visit Fang Xin every day. She is the one who really understands Fang Xin. She loves him and can offer him the help that he badly needs. But only Xie Hong is in Fang Xin's mind. What should Fang Xin do? He seems to be losing his way in life...

第2级:500词级
Level 2: 500 Word Level

电脑公司的秘密
Secrets of a Computer Company

我家的大雁飞走了
Our Geese Have Gone

青凤
Green Phoenix

如果没有你
If I Didn't Have You

妈妈和儿子
Mother and Son

出事以后
After the Accident

一张旧画儿
An Old Painting

第3级：750词级
Level 3: 750 Word Level

第三只眼睛
The Third Eye

画皮
The Painted Skin

留在中国的月亮石雕
The Moon Sculpture Left Behind

朋友
Friends

第4级：1,100词级
Level 4: 1,100 Word Level

好狗维克
Vick the Good Dog

两件红衬衫
Two Red Shirts

竞争对手
The Competitor

沉鱼落雁
Beauty and Grace